すみっコぐらし 日記ブック

1日1回

監修／サンエックス

Gakken

わたしって、どんなコ？
この本は、毎日楽しく
書きこむだけで友情・
いろんなことがわかって
さあ、すみっコたちと
自分探しの旅へ出かけ

続けられる日記ブックだよ。
恋愛・未来の自分…
くるよ。
いっしょに、
よう！

この本の使い方

ポイント 1

1日1テーマだよ。
テーマにそって自由に書いてね。

ポイント 2

どのページから書いてもOK！
書いた日づけを記入してね。

書いた日
20××年 ○○月 ○○日

ポイント 3

1日分の日記を書いたら、
6〜7ページに達成シールをはってね。

シールを使うページや
絵をかくページもあるよ。
楽しみながら日記を書こう。

 目次

第1章
「わたし」って、どんなコ？
9

第2章
「好きなもの」を見つけよう！
25

第3章
もっともっと「友情」を深めよう！
41

第4章
ドキドキ♥好きな人のこと
57

第5章
「未来」のわたしはどうなる!?
73

1日1回 すみっコたちといっしょに

書いたページのところに、好きな達成

スタート

第1章

1日め
2日め
3日め
4日め
5日め
6日め
7日め

第2章

8日め
9日め
10日め
11日め
12日め
13日め
14日め

好きなものが
いっぱい発見
できるかも！

自分が
どんなコか
わかってくるよ！

第3章

15日め

自分探しの旅へ!
シールをはっていこう♪

ゴール

たいへん よくできました

未来の自分も見えてくる!?

35日め
34日め
33日め
32日め
31日め
30日め
29日め

恋ゴコロをブンセキ♥

25日め
26日め
24日め
27日め
23日め
28日め
22日め

第5章

第4章

21日め
20日め
19日め

友情が深まるといいな♪

16日め
17日め
18日め

すみっコ&みにっコを紹介するよ。

すみっコ

しろくま
北からにげてきた、さむがりでひとみしりのくま。

ぺんぎん？
自分はぺんぎん？自信がない。昔はあたまにおさらがあったような…。

とんかつ
とんかつのはじっこ。おにく1%、しぼう99%。

ねこ
はずかしがりやで気が弱く、よくすみっこをゆずってしまう。

とかげ
じつは、きょうりゅうの生き残り。つかまっちゃうので、とかげのふり。

みにっコ

ふろしき
しろくまのにもつ。すみっこのばしょとりやさむいときに使われる。

えびふらいのしっぽ
かたいから食べ残された。とんかつとはこころ通じる友。

すずめ
ただのすずめ。とんかつを気に入って、ついはみにくる。

ざっそう
いつかあこがれのお花屋さんでブーケにしてもらう！という夢をもつポジティブな草。

ほこり
すみっこによくたまる。のうてんきなやつら。

おばけ
屋根裏のすみっこにすんでいる。おそうじ好き。

にせつむり
じつはからをかぶったなめくじ。うそついてすみません…。

たぴおか
ミルクティーだけ先にのまれて吸いにくいから残されてしまった。

第1章

「わたし」って、どんなコ？

わたしのこと

自分のプロフィールをくわしくかきこもう。

🏷 名前　　　　　　　　　　　🏷 ニックネーム

🏷 誕生日　　　年　　月　　日

🏷 血液型　　　型　　　　🏷 星座　　　座

🏷 住所

🏷 電話番号

似顔絵・写真

好きなすみっコ

シールを はってね。

好きなみにっコ

シールを はってね。

たいへんよくできました

書いた日 　　年　月　日

身長　　cm

体重　　kg

視力（右）

（左）

しゅみ

特技

長所&短所

自分のサイン

2日め

書いた日　　年　月　日

自分図かん

右のすみっコたちをマネして、自分の図かんをつくってみよう。

名前：_____

わたしの全身

あたまのなか

↑グラフをかいてね。

性格：_____

体のとくちょう：_____

↑自分で見出しを書いて、
5段階のうちどれぐらいか、色をぬってみてね。

↑大事なものを
　かいてね。

Shirokuma しろくま

北からにげてきたしろくま。

- さむがり度
- すみっこ占有率
- 睡眠欲

だいじ

Tonkatsu とんかつ

食べ残されたとんかつのはじっこ。

- 脂肪度
- すみっこ占有率
- すばやさ

なかま

Penguin? ぺんぎん?

自分はぺんぎん？自信がない。

- 自信
- すみっこ占有率
- 読解力

こうぶつ

Neko ねこ

はずかしがりやのねこ。

- はずかしがり度
- すみっこ占有率
- やさしさ

なかよし

Tokage とかげ

じつはきょうりゅうのいきのこり。

- ひみつ度
- すみっこ占有率
- ホームシック度

おかあさん

魚が好き

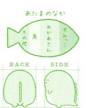

下の年表に、生まれてから今までのできごとを書きこんでみよう。
年れいの近くに自由に書いてOKだよ！

どんな赤ちゃんだった？
(おうちの人に聞いてみてね)

年　月　日

生まれた場所：

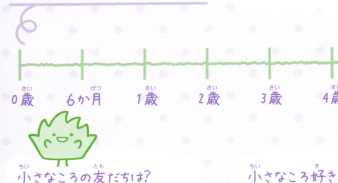

0歳　6か月　1歳　2歳　3歳　4歳　5歳

小さなころの友だちは？　　　　小さなころ好きだった遊びは？

＿＿＿＿＿＿＿＿＿＿ちゃん

年　　月　　日

小学校入学!

小学校で
初めてできた友だちは?

小学校　1年　　組

担任の先生の名前は?　　先生

＿＿＿＿＿＿ちゃん

| 6歳 | 7歳 | 8歳 | 9歳 | 10歳 | 11歳 | 12歳 |

いちばんうれしかったことは?

運動会の思い出は?

4日め

書いた日 　年　月　日

じまんの家族

家系図をつくってみよう。空らんに名前や似顔絵をかいてね。
おうちの人に聞いてみると、たくさんうまるかも！？

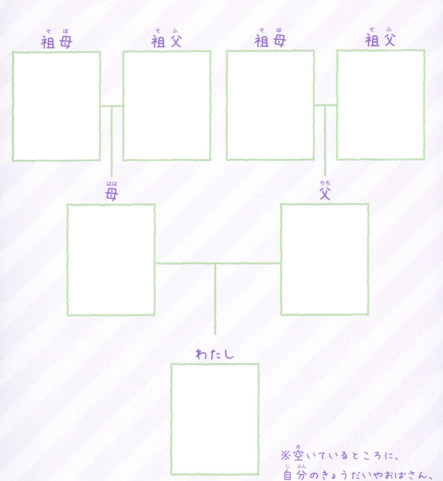

※空いているところに、自分のきょうだいやおばさん、いとこなどをかき足してね。

すみっコ豆知識

すみっコたちの背の順公開！

実はすみっコたちの背の高さは、ちょっとずつちがうみたい。
ショーゲキの事実を発表!?

1 しろくま・ねこ
耳のぶん、すこし高め。

2 とんかつ
ころものぶん、すこし高め。

3 とかげ
すみっコたちの中では標準的な背の高さ。

4 ぺんぎん？
足が短いぶん、低め。

みにっコ背の順

小さなみにっコたちも、実はちょっとだけ背の高さがちがうんだよ。

1 えびふらいのしっぽ
しっぽのぶん、高いよ。

2 ふろしき
中のものによって変わるよ。

3 ざっそう
足（ねっこ）をふくんだ高さ。

4 にせつむり
本当の姿だともっと背は低い。

5 たぴおか
大きいすみっコの半分くらい。

6 すずめ
足が短いぶん、低め。

7 ほこり
実はいろんなサイズになれる！

わたしのスケジュール

時計の絵の中に長針と短針をかきこんでね。
自分の1日のスケジュールをチェックしよう。

 朝起きる時間

 学校に行く時間

宿題をする時間

書いた日
年　月　日

寝る時間

1週間のスケジュール

習いごとやクラブ活動など、自分の予定を書きこもう。

月曜日	木曜日	
火曜日	金曜日	
水曜日	土曜日	日曜日

6日め チャームアップチェック

できていたら、あてはまるものの□に✓をつけてね。
チェックの数でステキなコかどうかがわかるよ。

☐ いつも元気にあいさつしている

☐ 目が合ったら、ニコッとしている

☐ ハンカチとティッシュをいつも持ち歩いている

☐ 悪口やかげ口は言わない

☐ 困っているコがいたら、ほうっておけない

☐ ほめじょうずって言われたことがある

書いた日　　　年　月　日

- [ ] ニガテなこともちょっとがんばれる

- [ ] 「ありがとう」と「ごめんなさい」をちゃんと言える

- [ ] 「おしゃれだね」って言われたことがある

- [ ] かみの毛のお手入れに気をつかっている

- [ ] 「がんばりやさん」と言われたことがある

- [ ] 人がいやがることはしない

チェックの数を数えよう！

10コ以上
ミリョク的！
みんなのあこがれのマト!? とってもステキなコだよ。クラスの人気ナンバーワン!?

4〜9コ
カンジがいいコ♪
いつも明るくて好印象だよ！これからもこの調子でがんばっちゃお♪

3コ以下
自分みがきを！
ステキだけど、まだまだがんばれることはたくさん★チャームアップ目指して、がんばろ！

7日め

今の目標！

書いた日　　年　　月　　日

今がんばっていること、やりとげたいことはなに？
実際に書いてみると、やる気もアップするよ★

☐ _____　達成日　　月　　日

☐ _____　達成日　　月　　日

☐ _____　達成日　　月　　日

☐ _____　達成日　　月　　日

☐ _____　達成日　　月　　日

※達成できたら☐に✔をつけて、達成日を記入しよう。

すみっコとの約束

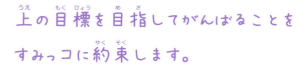

上の目標を目指してがんばることを
すみっコに約束します。

_____
↑サインを書いてね。

すみっコ豆知識

お気に入りのメニューでひとやすみ

すみっコたちが喫茶店でひとやすみしているよ。
それぞれ、好きなものをたのんでいるみたい。
どれもおいしそう★

ぺんぎん?
大好物のきゅうり色の
メロンソーダが
おきにいり。

しろくま
さむがりだから、温かい
ものが好き。コーヒーは
ミルク多めにするよ♪

ねこ
ねこじたなので、アイス
コーヒー派。ホットコーヒ
ーは冷ましてから飲むよ。

とんかつ
コーヒーはおさとうをたくさん
入れる派。サンドイッチになっ
たら食べてもらえるか考え中!?

とかげ
ふるさとの海みたいな
キラキラのゼリーが
おきにいり。

家族にお願いして、メッセージを書いてもらおう♪

家族からのよせがきコーナー

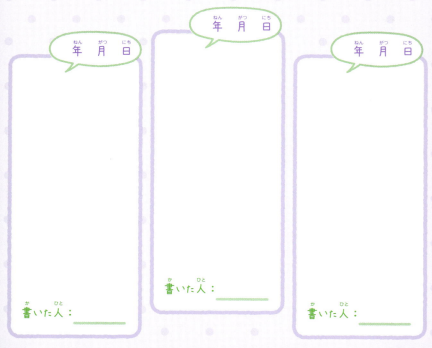

第2章
「好きなもの」を見つけよう！

8日め 好きなすみっコ

書いた日　　年　月　日

すみっコたちのこと、どう思ってる？
すみっコとみにっコの名前は、8ページを見てね。

- いちばん好きなすみっコは？
- いちばん好きなみにっコは？
- 恋人にするならどのすみっコ？
- 友だちになれそうなすみっコは？
- 自分に似ていると思うすみっコは？
- いっしょにランチをするなら、どのすみっコ？

すみっコ豆知識

すみっコたちの好きなものはなに？

すみっコの好きなものが右側に並んでいるよ。それぞれのすみっコと好きなものとを線で結んであげてね♪ 答えは下にあるよ。

好きな本

ものがたりや伝記、マンガなど…、
お気に入りの本について書いてみよう！

タイトル　　　　　　　　　　**作者**

好きな登場人物

好きなシーン

ココロに残ったセリフや文

タイトル　　　　　　　　　　**作者**

好きな登場人物

好きなシーン

ココロに残ったセリフや文

書いた日

年　月　日

タイトル　　　　　　　　　　　作者

好きな登場人物

好きなシーン

ココロに残ったセリフや文

タイトル　　　　　　　　　　　作者

好きな登場人物

好きなシーン

ココロに残ったセリフや文

10日め 好きな食べもの

書いた日　年　月　日

大好きな食べものを書きこんでね。
書くだけでおなかがすいちゃうかも!?

好きなメニュー

好きな給食

好きな飲みもの　好きな野菜　好きなくだもの

好きなケーキ　好きなおかし　好きなおにぎり

ぷに

すみっコ豆知識

すみっコたちがお弁当に入っちゃった!?

それぞれのお弁当をよーく見て。
お弁当の中にかくれているすみっコの名前を □ に書いてね。
答えは下にあるよ。

1

2

3

4

5

11日目 好きな言葉

お気に入りの言葉を集めよう。だれかの言葉や歌詞など、なんでもOK。

好きな言葉

_____

好きな理由

_____

この言葉を知ったきっかけ

好きな言葉

_____

好きな理由

_____

この言葉を知ったきっかけ

年　　月　　日

好きな言葉

好きな理由

この言葉を知ったきっかけ

好きな言葉

好きな理由

この言葉を知ったきっかけ

12日め 好きなファッション

お気に入りのファッション&挑戦してみたいファッションはなに?
イラスト入りで自由にかこう。カラフルにしてもOK!

お気に入りのファッション

ヘアスタイル	
トップス	
ボトムス	
くつ	

ポイントを自由にかいてね!

書いた日　　年　月　日

ポイントを自由にかいてね!

挑戦してみたい
ファッション

ヘアスタイル	
トップス	
ボトムス	
くつ	

13日め マイベストランキング

それぞれ、自分のベスト3を書こう！

好きな音楽
1
2
3

好きな映画
1
2
3

14日め わたしの宝もの

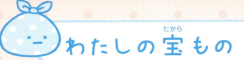

友だちからの手紙やプレゼント、とっておきの思い出、
うれしかった言葉…。大事な宝ものを書きこんでね。

すみっコお絵かき

お手本を見ながら線をなぞって、
すみっコの絵を完成させよう♪

＜お手本＞

＜お手本＞

第3章
もっともっと「友情」を深めよう！

じゅわ〜

15日め 友だち関係図をつくろう

右ページの「すみっコのかんけいず」をマネっこして、自分の友だち関係図をつくってみよう。◯のところには自分や友だちの似顔絵をかいてね。▭にはふたりの関係性を書きこんで、図を完成させよう！

16日め 心友プロフ

友だちとの思い出をかいてみよう！

● 心友①

名前

出会ってから
●年●か月だよ。

ニックネームは　　　　　。

第一印象は　　　　　　だったよ。

　　　　　　　に似てるよね。

　　　　　　　のところが大好きだよ♥

● 心友②

名前

出会ってから
●年●か月だよ。

ニックネームは　　　　　。

第一印象は　　　　　　だったよ。

　　　　　　　に似てるよね。

　　　　　　　のところが大好きだよ♥

書いた日
年　月　日

心友③

名前

出会ってから
●年●か月だよ。

ニックネームは　　　　　。

第一印象は　　　　　だったよ。

　　　　　　　に似てるよね。

　　　　　　　のところが大好きだよ ♥

似顔絵か写真をはってね。

心友④

名前

出会ってから
●年●か月だよ。

ニックネームは　　　　　。

第一印象は　　　　　だったよ。

　　　　　　　に似てるよね。

　　　　　　　のところが大好きだよ ♥

似顔絵か写真をはってね。

17日め 心友度チェック

友だちのことを思い浮かべながら、あてはまるものの □ に ✔ をつけてね。
ふたりの心友度がわかるよ。

- [ ] いっしょにいるとすごく楽しい
- [ ] 交かんノートをしている
- [ ] なやみごとは相談し合う
- [ ] 自分たちだけのヒミツがある
- [ ] よくおたがいの家に行く
- [ ] 声を聞いただけでそのコだってすぐわかる！
- [ ] びっくりしたときに声がよくハモる
- [ ] 「ふたりって似てるよね」って言われたことがある
- [ ] 悲しいときは、そばにいてくれる
- [ ] 困ったときは、はげましてあげたくなる

書いた日　年　月　日

- [ ] そのコの好きな人を知っている
- [ ] わたしの好きな人を知っている
- [ ] 「かわいい！」って思うツボがおんなじ
- [ ] そのコのいいところを3つ以上言える
- [ ] そのコにいいことがあると、自分もうれしい

チェックの数を数えよう！

7コ以上
大心友！

ふたりはこれからもずっ友♥ いつでも思い合える関係が続くよ。最高の友だちかも！

4〜6コ
仲よし♪

おたがいに「いつもいっしょに遊びたい！」って思うほど仲よし♪ これからも友情を育てていこう！

3コ以下
これからもっと仲よくなれる！

今でも仲よしだけど、もっとキズナを深めるチャンスがあるよ。自分から積極的にさそってみよう！

18日め

書いた日 　年　月　日

いろんな友だち♪
それぞれのワクの中に、思いつく友だちの名前を書こう♪

やさしい	みんなのリーダー	おもしろい
おしゃれ	かわいい	かっこいい
頭がいい	スポーツ万能	個性的

すみっコ豆知識

うしろ姿でどのすみっコかわかる？

すみっコたちがうしろを向いているよ。だれかわかるかな？
名前を書いてみてね。答えは下にあるよ。

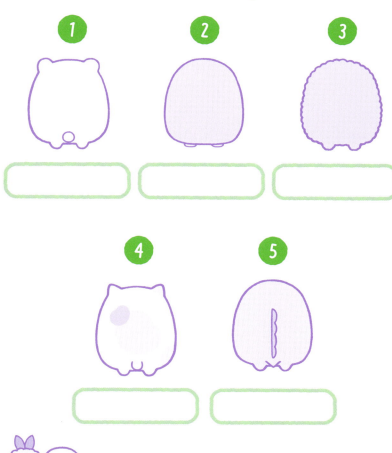

答え ①しろくま ②ぺんぎん？ ③とんかつ ④ねこ ⑤ざっそう

19日め 友だちとしてみたいこと

いっしょに行ってみたいところ、やってみたいこと…。
してみたいレベルに合わせて例のように色をぬろう。

例：遊園地

遊びに行くならどこがいい？

カラオケ

ショッピング

遊園地

心霊スポット！

動物園

書いた日　　　年　　月　　日

オソロにするならどれがいい？

アクセサリー (˘ ˘) (˘ ˘) (˘ ˘) (˘ ˘) (˘ ˘)

文房具 (˘ ˘) (˘ ˘) (˘ ˘) (˘ ˘) (˘ ˘)

Tシャツ (˘ ˘) (˘ ˘) (˘ ˘) (˘ ˘) (˘ ˘)

うで時計 (˘ ˘) (˘ ˘) (˘ ˘) (˘ ˘) (˘ ˘)

キーホルダー (˘ ˘) (˘ ˘) (˘ ˘) (˘ ˘) (˘ ˘)

バッグ (˘ ˘) (˘ ˘) (˘ ˘) (˘ ˘) (˘ ˘)

ヘアアレンジ (˘ ˘) (˘ ˘) (˘ ˘) (˘ ˘) (˘ ˘)

いっしょに食べたいおやつを書きこんでね

チョコ系のおやつなら……

スナック系のおやつなら…

デザート系なら…………

飲みものなら………………

20日め 友情アップチェック

できていたら、あてはまるものの □ に ✔ をつけてね。
友だちからの人気度がわかるよ。

- [ ] 朝は「おはよう！」と、自分から声をかける

- [ ] もし友だちがひとりになっていたら、声をかける

- [ ] グループになったとき、仲間ハズレはしない

- [ ] ムッとしたときも、顔に出さないようにしている

- [ ] 無視はぜったいにしない

- [ ] ケンカしたら自分から仲直りできる

書いた日　　年　月　日

- [ ] 約束はやぶらない

- [ ] よく悩みごとを相談される

- [ ] 気くばりを忘れない

- [ ] いつも笑顔を心がけている

チェックの数を数えよう！

7コ以上
人気者！

友だちに対していつも親切でやさしいから、大人気だよ。これからも友だちを大切にしてね。

4〜6コ
好印象♪

カンジがよくて、かなり好印象だよ。友だちからしたわれているはず！この調子でいこう♪

3コ以下
もっと人気度アップ！

自分のやさしい気持ちをもっとストレートに出してみよう。さらに友だちと仲よくなれるはず！

21日め 友情が深まる言葉集め

友だちとのキズナを深める言葉を集めておこう。□に✓をつけてね。
イザというとき役立つよ。

★ 友だちが落ちこんでいるみたい…。
どんな言葉をかける？

- ☐ だいじょうぶ？
- ☐ 応えんしてるよ！
- ☐ どうしたの？

自由にメッセージを書いてみよう。

★ 友だちとケンカしちゃった。なんて切り出す？

- ☐ 「ごめんね」ってストレートにあやまる
- ☐ 「いっしょに帰ろ」ってさそう
- ☐ 「わたしの〇〇なところが悪かった」って反省点を伝える

自由にメッセージを書いてみよう。

> 書いた日　　　年　月　日

★ 友だちのようすがヘン…。どうする?

☐ 「どうしたの?」と話しかける

☐ 「なんでも話してね」と言う

☐ 「心配なんだけど…」と自分の気持ちを伝える

自由にメッセージを書いてみよう。

★ 友だちに感謝を伝えたい!なんと言う?

☐ これからもずっといっしょだよ

☐ いつもありがとう

☐ ○○のこと、大好き!

自由にメッセージを書いてみよう。

友だちにメッセージを書いてもらおう♪

友だちからの よせがきコーナー

第4章

ドキドキ♥
好きな人のこと

22日め わたしの恋のヒミツ

ナイショにしている恋のこと、
このページに全部書いちゃお♥

♥ 今、好きな人がいる?　　　　　いる ・ いない

♥ 今、好きな人のイニシャルは?

♥ その人とつき合ってる?　　　　はい ・ いいえ

♥ 告白したことある?　　　　　　ある ・ ない

♥ 告白されたことある?　　　　　ある ・ ない

♥ どんな言葉で告白された?(されたい?)

 書いた日　　年　月　日

● 初恋はいつ？

● 初恋の人のイニシャルは？

● 今までつき合ったことある？　　ある ・ ない

● 好きな人になんて呼ばれたい？

● 理想の相手はどんな人？

23日め 恋のときめき度チェック

今、気になっている人のことを思い浮かべながら、
あてはまるものの □ に ✔ をつけてね。ときめき度がわかるよ。

☐ ふと気がつくと、その人を目で追っていることが多い

☐ その人と話した日は、一日中うれしくなる

☐ その人と話すとき、キンチョーすることがある

☐ その人の誕生日を知っている

☐ こっそりふたりの相性うらないをしたことがある

 書いた日
　　　年　　　月　　　日

- [ ] その人のウワサは、つい、聞き耳を立てちゃう

- [ ] その人が夢に出てきたことがある

- [ ] 「あれ…なんだかステキ!?」って、トツゼン思う

- [ ] その人のことを考えるとドキドキする

チェックの数を数えよう！

7コ以上
ときめき度 100%
かなりその人にときめいているみたい。もうこれは恋かも！ドキドキだね♥

3〜6コ
ときめき度 60%
ふとしたときにもその人のことを考えているみたい。これからに注目だね★

2コ以下
ときめき度 30%
まだふたりは仲よしの友だちなのかも。ほかに気になる人が出てくる可能性アリ!?

24日め 両思いになったらしてみたいこと

いっしょに行ってみたいところ、やってみたいこと…。
してみたいレベルに合わせて例のように色をぬってね。

例：遊園地に行ってみたい

いっしょに登下校してみたい

オソロのグッズを持ってみたい

いっしょにスポーツをしてみたい

いっしょにお弁当を食べてみたい

いっしょに読書をしてみたい

書いた日 　年　月　日

いっしょに映画に行ってみたい
♡♡♡♡♡

手づくりスウィーツを
わたしてみたい
♡♡♡♡♡

プレゼント交かんをしてみたい
♡♡♡♡♡

いっしょに
ショッピングに行ってみたい
♡♡♡♡♡

いっしょに
動物園に行ってみたい
♡♡♡♡♡

いっしょに
遊園地に行ってみたい
♡♡♡♡♡

手をつないでみたい
♡♡♡
♡♡

気になる人の気持ちをチェック！

あの人からどう思われているんだろう…？
ふだんのことを思い出し、あてはまるものの □ に ✔ をつけてね。
チェックの数で気になる人の気持ちがわかるよ。

☐ 登下校中や移動中によく会う

☐ よくこっちを見ている気がする

☐ よくちょっかいを出してくる

☐ よく目が合う

☐ ニックネームで呼ばれる

☐ 「おはよう」や「バイバイ」を言ってくれる

年　月　日

- [ ] 誕生日を覚えててくれる

- [ ] 休み時間はよくいっしょに遊ぶ

- [ ] みんなでいるとき、気づくとそばにいる

- [ ] 困っているとき、助けてくれる

チェックの数を数えよう！

7コ以上　確実に好かれてる!?
あの人からの気持ちは確実！これからふたりはつき合っちゃうかも!?

3〜6コ　脈アリ!?
あの人もあなたのことが気になっているみたい。勇気を出して声をかけてみて。

2コ以下　ふたりはこれから！
まだあの人の気持ちが盛り上がっていないのかも。これからの展開が楽しみだね！

26日め 気になる人プロフ

気になる人のプロフや思い出を書いてみよう！

気になる人①

名前 _____

誕生日 _____年 ___月 ___日

血液型 ___型　星座 _____座

似顔絵

ニックネーム _____

似てる人 _____

出会ったのは _____ だったね。

気になりはじめたのは _____ のとき。

初めて話したのは _____ のときで、

「_____」って言われた。

今、ふたりの関係は　クラスメイト・友だち・その他（　　　　　）。

好きなところは _____ だよ。

書いた日　　年　月　日

やっほー

気になる人 ②

名前 _____

誕生日 _____ 年 ___ 月 ___ 日

血液型 _____ 型　星座 _____ 座

似顔絵

ニックネーム _____

似てる人 _____

出会ったのは _____ だったね。

気になりはじめたのは _____ のとき。

初めて話したのは _____ のとき で、

「_____」って言われた。

今、ふたりの関係は　クラスメイト・友だち・その他（_____）。

好きなところは _____ だよ。

27日め 告白大作戦!!

告白はどんなシチュエーションでする…!?
その日のために事前に準備しておこう。

when?
いつ告白する？ → 　　　　　　　のとき

where?
どこで告白する？ → 　　　　　　　で

How?
どんな方法で？ →
直接言う・電話・手紙・メール・SNS

what?
なんと言う？ →

書いた日 　年　月　日

イザというときに役に立つかも!? ときめき♥告白セリフ集
告白のときに使いたいセリフを集めたよ。練習してみて!

いつも〇〇のこと、考えちゃう。

ずっと好きなんだ!

だれか好きな人いる?

ひとめぼれなの!

〇〇なところが好き。

〇〇のためにつくったの。あげる!

28日め ラブレターを書くなら♥

気になるあの人に気持ちを伝える、
ラブレターの練習をしてみよう♥

_____ へ

急にお手紙わたしてビックリしたかな>＜

伝えたいことがあってお手紙を書いてみたよ。

実はわたし、_____のときから_____のことが

気になってるの！・好きなんだ！ ※どちらかに○をつけてね。

いつも_____をがんばっている_____のこと、

かっこいい・ステキだなって思っていたの。

_____なところ、_____なところも大好き!!

_____より

年　月　日

ラブレターをわたすときに！
恋がうまくいくアドバイス

恋がうまくいきますように…！
ラブレターを書くとき、わたすときにやってみてね。

いちばん気に入っている
コーデでラブレターをわたそう！
きっと、かわいいって
思ってもらえるはず。

わたす前はキンチョーしがち。
大きく息を吸って、はいてから
話しかけるとうまくいくかも。

ラブレターを直接わたすのが
はずかしかったら、気になる人の
くつ箱に入れるのがおすすめ。
机やカバンの中にこっそり入れると、
気づいてもらえないこともあるよ。

読みやすく、
ていねいな字で
お手紙を書くのが、
いちばん大事だよ★

すみっコお絵かき

お手本を見ながら線をなぞって、
すみっコの絵を完成させよう♪

〈お手本〉

第5章
「未来」のわたしはどうなる!?

29日め どんな人になりたい？

どんな大人になりたいか、あてはまるものの □ に ✔ をつけてね。
そんな人になれるかも！

性格編

- [ ] やさしい人になりたい
- [ ] いつも明るい人になりたい
- [ ] みんなにたよられるリーダー的な存在になりたい
- [ ] おもしろいことを言ってみんなを笑顔にする人になりたい
- [ ] 困っている人を助けられる人になりたい

未来の理想の自分を文章で書いてみよう！

書いた日　　　年　月　日

外見編

- [ ] いつも清潔感のあるステキな人になりたい

- [ ] だれよりもおしゃれな人になりたい

- [ ] いくつになっても「かわいい」って言われる人になりたい

未来の理想の自分を
イラストでかいてみよう！

30日め
こんな家に住みたい

将来、どんな家に住みたい？ 右ページのすみっコたちを
参考にして、住みたい家をイラストでかいてみてね！

書いた日　　年　月　日

31日め こんな旅行をしてみたい

どんな国に行って、どんな旅をしてみたい？
それぞれあてはまるものの □ に ✔ をつけてね。

Q. どんな気候の国に行きたい？

- [ ] あたたかい国
- [ ] 寒い国
- [ ] 暑い国
- [ ] すずしい国

Q. 旅先はなに派？

- [ ] 海派
- [ ] 都会派
- [ ] 山派
- [ ] いなか派

Q. どのくらい泊まりたい？

- [ ] 2泊
- [ ] 3泊
- [ ] 1週間
- [ ] 1か月

書いた日　年　月　日

Q. 旅先でなにをしたい？

☐ 観光

☐ ショッピング

Q. 旅先に必ず持って
いきたいものは？

☐ スポーツ

☐ カメラ

☐ 現地の人とふれ合う

☐ 歯ブラシ

☐ メイクポーチ

行ってみたい国を書いてみよう！

32日め チャレンジリスト

将来チャレンジしたいことはなに?
チャレンジリストにひとつずつ書いてみてね!

★なりたい職業

★なりたい家族構成

★マスターしたいスポーツ

★マスターしたい外国語

★勉強したいこと

★取りたい資格

★つくってみたい料理

★習ってみたいこと

書いた日
年　月　日

★ 飼ってみたい動物

★ 育てたい植物

★ 食べてみたいもの

★ 飲んでみたいもの

★ してみたいヘアスタイル

★ つけてみたいアクセサリー

★ 着てみたいブランド

33日め 夢をかなえる未来日記

○歳のときの自分はなにをしてる…？ 未来の日づけを入れて、起こってほしいできごとを書こう。書いたことが現実になるかも!?

歳　　年　月　日

歳　　年　月　日

書いた日　年　月　日

歳　年　月　日

歳　年　月　日

34日め 未来の自分に伝えたいこと

未来の自分に伝えたいことを自由に書いてね。

＿＿歳のわたしへ

＿＿歳のわたしより

書いた日　年　月　日

この本には、今の自分のことがたくさん書いてあるよ。だから、未来の自分にとっては、この本自体が大事なタイムカプセル。未来の自分に読んでもらえるように、右下にこの本のかくし場所の地図を書こう。書き終えたらコピーするか切り取り、大事に保存しておいてね！

本といっしょに大事なものをしまっておくのもおすすめだよ。

切り取って保存しておこう！→

85

35日め もしも○○だったら?

自分がもしも○○だったら? 考えるだけで楽しくなっちゃう♪

もしも生まれ変わったら?
男 ・ 女

もしも宝くじが当たったら?

もしも願いごとがひとつだけかなうなら?

もしも無人島に行くならなにを持っていく?

もしもすみっコに
なれるならだれになる？

書いた日　　年　月　日

下のすみっコたちの中から、なりたいすみっコの
☐ に ✓ をつけてね。いくつつけても OK だよ！

☐ しろくま　　☐ ふろしき　　☐ とんかつ　　☐ ほこり

☐ すずめ　　☐ とかげ　　☐ おばけ

☐ たぴおか　　☐ えびふらいのしっぽ　　☐ ぺんぎん？

☐ にせつむり　　☐ ねこ　　☐ ざっそう

日記ブック
完成おめでとう！

さいごまで日記を書いてとってもすごい！
おつかれさまでした。

すばらしいです

わたしのココロのすみっこ日記

ココロのすみっこにしまってある、大事なこと、ヒミツなど。
自由に書いてOKだよ。

わたしのココロのすみっこ日記

わたしのココロのすみっこ日記